EDIMAT Libros

www.edimat.es

Contenido

Introducción

El chocolate es uno de los alimentos más codiciados del mundo. Es un ingrediente con un pedigrí largo e impresionante. Durante siglos los aztecas bebían una bebida amarga y espumosa llamada «chocolat», hecho con granos de cacao tostados mezclado con agua o vino. Los granos de cacao, que en realidad son las semillas del árbol del cacao, fueron introducidos en Europa en el siglo XVI y el cacao se convirtió en el alimento de los reyes.

Su verdadero potencial no fue explotado hasta principios del siglo XIX cuando la prensa del chocolate fue inventada en Holanda, pero desde entonces, el consumo del chocolate ha ido en aumento. Ahora el chocolate está disponible en miles de formas y variedades y es utilizado para dar sabor a todo tipo de postres o dulces. La manteca de cacao, que se conserva en chocolate sólido, es una rica fuente de energía.

Este libro es para los amantes del chocolate. Contiene un glorioso despliegue de postres y dulces placeres –tartas, pasteles, *mousses,* helados, galletas, *brownies,* bollos y trufas– utilizando chocolate en cada uno de ellos. Las recetas son lo suficientemente especiales para compartirlas con amigos o para regalar, pero asegúrese de hacer una tanda extra para que usted también disfrute. Son realmente irresistibles.

4

Tipos de chocolate

Chocolate negro

A menudo llamado chocolate de «lujo», «amargo» o «continental». Este chocolate contiene un alto porcentaje de cacao –alrededor de un 75 %– con muy poco o nada de azúcar añadido. Muchas personas encuentran que el chocolate negro es demasiado amargo para comer, pero su sabor intenso y su color oscuro hacen que sea el ingrediente ideal para postres o tartas.

Chocolate (sin leche)

Es el más usado en la cocina. Contiene, entre un 30 y un 70 % de cacao; así pues, fíjese en la etiqueta antes de comprar. Cuanto más alto sea el contenido de cacao mejor será el sabor del chocolate.

Chocolate con leche

Este chocolate contiene leche en polvo o leche condensada y generalmente tiene alrededor de un 20 % de cacao. El sabor es ligero y dulce. Aunque éste sea el chocolate más popular, no es tan apropiado para derretir o cocinar como lo es el chocolate sin leche.

Chocolate blanco

Este chocolate no contiene cacao, pero obtiene su sabor a través de la manteca de cacao. Es dulce y su mejor cualidad es que es bastante cremoso y suave. El chocolate blanco debe ser derretido con cuidado ya que no resiste el calor tan bien como el chocolate sin leche y tiene tendencia a endurecerse si se deja calentar demasiado.

Chocolate sin leche

Chocolate orgánico

Cacao

Chocolate negro

Chocolate con leche

Baño de chocolate

Pedacitos de chocolate

Chocolate blanco

Trozos de chocolate

Cacao

Está hecho de la masa de cacao puro después de que la mayoría de la manteca de cacao haya sido extraída. La masa es tostada y después molida para hacer un polvo. Es probablemente la forma más económica de darle un sabor a chocolate a los postres y productos horneados.

Pedacitos de chocolate

Son trocitos de chocolate de tamaño uniforme ideales para mezclar en la masa del bizcocho directamente o en la mezcla de la tarta, y también para derretir. Con menos cacao que el chocolate común, están disponibles en chocolate negro, normal, con leche y blanco.

7

Técnicas

Derretir el chocolate

Básicamente hay tres maneras de derretir el chocolate:

Utilizando una cazuela doble (baño María)

1 Llenar la base de una cazuela doble o cazo con ¼ de agua. Tapar con la segunda parte de la cazuela o con un recipiente resistente al calor. El agua no debe tocar la parte de abajo de la segunda cazuela o del recipiente. Al llegar a punto de ebullición, baje la temperatura a la posición más baja.

2 Trocear el chocolate en cuadrados y colocarlo en la parte de arriba de la segunda olla o el recipiente. Dejar que se derrita completamente sin remover. Mantener el agua a fuego lento.

El método del calor directo

Esto es recomendable para recetas donde el chocolate es derretido en abundante líquido, por ejemplo en leche o crema. Trocear el chocolate en un cazo. Añadir el líquido, calentar suavemente, removiéndolo ocasionalmente hasta que el chocolate se haya derretido y la mezcla sea suave.

Derretir en el microondas

Trocear el chocolate en cuadrados y meterlo en un bol resistente a microondas. Calentar hasta que esté blando (el chocolate se quema con facilidad en el microondas; por tanto, hay que vigilarlo a menudo). El chocolate mantiene su forma cuando es derretido de esta manera.

Tiempo estipulado para derretir chocolate normal o con leche en un microondas de 650-700 vatios.	
115g/4 oz	2 min potencia máxima (100 %)
220-225g/7-8 oz	3 min potencia máxima (100 %)
115g/4 oz chocolate blanco	2 min potencia media (50 %)

Consejos para derretir chocolate

• Derretir el chocolate lentamente. Si se recalienta se dañará el sabor y la textura.
• Evitar el recalentamiento: el chocolate negro no debería ser calentado a más de 49 °C/120 °F; el blanco y con leche no debería calentarse a más de 43 °C/110 °C.
• No dejar que el agua o el vapor esté en contacto con el chocolate, ya que podría endurecerlo.
• No cubrir el chocolate después de derretirlo, ya que la condensación puede endurecerlo.

> **CÓMO CONSERVAR EL CHOCOLATE**
> El mejor lugar es un sitio fresco y seco lejos de comida con olor fuerte. Vigilar fecha de caducidad en el envoltorio.

Decoraciones en chocolate

Estas decoraciones se pueden hacer con chocolate normal, con leche o blanco.

Chocolate rallado

Rallar una barra grande de chocolate con un rallador de quesos fino o grueso o con un cuchillo. El chocolate rallado es útil para espolvorear sobre postres o tartas o para cubrir los costados del bizcocho. Si utiliza un rallador de quesos, apóyelo en una hoja de papel vegetal para hornear; de esta forma el chocolate rallado se podrá verter con mayor facilidad.

Virutas rápidas de chocolate

Utilizar un pelador de patatas con cuchilla giratoria para obtener las virutas de chocolate de la barra entera. Funciona mejor si el chocolate está a temperatura ambiente.

Virutas de chocolate

Éste es el modo de hacer virutas de chocolate más largas.

1 Esparcir el chocolate derretido en una capa fina y uniforme sobre una placa de mármol o una superficie fresca y suave. Dejar hasta que se endurezca.

2 Deslizar un rallador o espátula de metal sobre la superficie del chocolate en un ángulo de 25° para obtener delgadas láminas de chocolate que deberían rizarse lentamente contra la cuchilla. Si el chocolate se endurece puede que se haga demasiado quebradizo para ser rizado y, por tanto, debe ser derretido de forma suave nuevamente.

Tarta de chocolate

Una tarta de chocolate sencilla se convierte en deliciosa simplemente rellenándola con crema de chocolate.

6-8 personas

INGREDIENTES
115 g/4 oz chocolate, troceado
   en cuadrados
3 cucharaditas de leche
⅔ de taza de mantequilla
   sin sal o margarina blanda
1 taza escasa de azúcar
3 huevos
1 ¾ tazas de harina
   con levadura
1 cucharadita de cacao en polvo
azúcar glasé y cacao en polvo
   para espolvorear

PARA LA CREMA DE CHOCOLATE
6 cucharaditas de mantequilla
   sin sal o margarina tibia
1 ½ taza de azúcar glasé
1 cucharadita de cacao en polvo
½ cucharadita de extracto de vainilla

1 Precalentar el horno a 180 °C/350 °F. Untar con mantequilla dos moldes de 18 cm/7 in de profundidad y poner sobre la base papel vegetal para hornear. Derretir el chocolate con leche al baño María.

2 Mezclar la mantequilla o margarina con el azúcar hasta que esté suave y esponjoso. Añadir los huevos uno a uno, batiendo bien después. Mezclar la mezcla de chocolate.

3 Tamizar la harina y cacao sobre la mezcla y batir uniformemente con una cuchara de metal.

4 Para hacer la crema de chocolate, poner todos los ingredientes en un recipiente grande. Batir bien hasta lograr una consistencia suave y extensible.

5 Unir las capas de tarta con la crema de cacao. Espolvorear con la mezcla de azúcar glasé y cacao justo antes de servir.

CONSEJOS: Para dar un toque más cremoso a este plato, doble la ración de crema y agréguela al baño María junto con el chocolate y finalmente, al relleno.

Tarta de chocolate en capas

Las capas de bizcocho pueden hacerse con anterioridad, envolviéndolas y congelándolas para su uso futuro. Descongelar las tartas siempre antes de glasearlas.

10-12 personas

INGREDIENTES
cacao en polvo para espolvorear
225 g/8 oz de remolacha en lata
8 cucharaditas de mantequilla
tibia sin sal
2 ½ tazas de azúcar moreno
3 huevos
1 cucharadita de extracto de vainilla
75 g/3 oz de chocolate derretido
sin endulzar
2 ½ tazas de harina
2 cucharaditas de levadura
½ cucharadita de sal
½ taza de suero de leche
virutas de chocolate con leche
(opcional)

BAÑO DE CHOCOLATE
2 tazas de nata montada
500 g/1 ¼ lb de chocolate troceado
extra fino
1 cucharadita de extracto
de vainilla

1 Precalentar el horno a 180 °C/350 °F. Untar con mantequilla dos moldes de 23 cm/9 in de profundidad. Espolvorear con cacao la base y los costados. Rallar la remolacha y añadirla con su propio jugo. Con una batidora eléctrica manual batir la mantequilla, el azúcar moreno, los huevos y la vainilla durante 3-5 min hasta que la mezcla esté suave y esponjosa.

2 Tamizar la harina, la levadura y la sal en un recipiente. A velocidad baja, mezclar de forma alternada la mezcla de harina (en cuartos) y el suero de leche (en tercios).

3 Añadir la mezcla de remolacha y batir durante 1 min. Dividir en ambos moldes y hornear durante 30-35 min. Dejar enfriar durante 10 min, quitar del molde y dejar enfriar completamente.

4 Para hacer el baño de chocolate, calentar la crema en un cazo con base gruesa sobre un fuego medio hasta que comience a hervir; remover de cuando en cuando.

5 Una vez fuera del fuego, añadir el chocolate, removiendo constantemente hasta que se derrita. Añadir la vainilla. Pasar a un recipiente y meter en el frigorífico, removiendo cada 10 min durante 1 h hasta que se pueda extender.

6 Unir la tarta. Colocar una capa en un plato y untar un tercio de la crema. Colocar la segunda capa encima y untar el resto de crema sobre la parte superior y costados. Si lo desea, puede decorar la parte superior con las virutas de chocolate. Permitir que la crema se fije durante 20-30 min y dejar en el frigorífico antes de servir.

Tarta de chocolate marmolada con crema de cacahuete

Para comprobar si esta tarta está lista, fíese del método de la punta del dedo: tras 50-60 min de cocción, al tocar la tarta debería levantarse espontáneamente.

12-14 personas

INGREDIENTES
115 g/4 oz de chocolate en trozos
1 taza de mantequilla sin sal tibia
1 taza de crema de cacahuetes
   con o sin trozos
1 taza de azúcar granulada
1 taza de azúcar moreno
5 huevos
2 ½ tazas de harina
2 cucharaditas de levadura
½ cucharadita de sal
½ taza de leche
⅓ de taza de pedacitos de chocolate

PARA EL GLASEADO DE CHOCOLATE CON MANTEQUILLA DE CACAHUETE
2 cucharadas de mantequilla cortada
2 cucharadas de mantequilla
   de cacahuete sin trozos
3 cucharadas de sirope
1 cucharadita de extracto
   de vainilla
175 g/6 oz de chocolate en trozos
1 cucharadita de agua

1 Precalentar el horno a 180 °C/350 °F. Untar generosamente con mantequilla y enharinar un molde en forma de tubo o anillo de 3 litros. Derretir el chocolate al baño María a fuego lento.

2 Añadir la mantequilla, la crema de cacahuete, el azúcar granulado y el azúcar moreno en un recipiente. Batir, raspando de vez en vez los costados del recipiente, 3-5 min hasta que esté suave y esponjoso. Agregar los huevos de uno en uno, batiendo bien.

3 Tamizar la harina, la levadura y la sal en un recipiente mediano. Agregar a la mezcla de mantequilla alternando con la leche hasta lograr una mezcla homogénea.

4 Verter la mitad de la masa en un recipiente. Agregar el chocolate derretido a una de las mitades de la masa y revolver hasta que esté bien mezclado. Añada el chocolate a la otra mitad de la masa.

5 Utilizando una cuchara grande, dejar caer de forma alterna una cucharada de cada masa en el molde. Insertar un cuchillo para crear el efecto marmolado; no dejar que el cuchillo toque el molde ni mezcle demasiado. Hornear 50-60 min. Dejar enfriar en una rejilla durante 10 min y sacar del molde.

6 Preparar el glaseado. Mezclar todos los ingredientes en un cazo pequeño. Derretir a fuego lento, removiéndolo continuamente hasta obtener una mezcla suave. Dejar enfriar durante 5 min. Cuando comience a espesar verter el glaseado sobre la tarta permitiendo que se derrame por los lados.

Tarta crujiente de chocolate con jengibre

El jengibre le añade una chispa de sabor a esta rica tarta que no necesita horno.
Guarde una en la nevera para los festines de medianoche y otras ocasiones.

6 personas

INGREDIENTES
150 g/5 oz de chocolate en trozos
4 cucharaditas de mantequilla sin sal
115 g/4 oz de galletas de jengibre
4 trozos de la raíz de jengibre
2 cucharadas de sirope de raíz
   de jengibre
3 cucharadas de coco rallado

PARA DECORAR
25 g/1 oz de chocolate con leche
trozos de jengibre cristalizado

1 Untar con mantequilla un molde
en forma de anillo de 15 cm/6 in de
profundidad y cubrirlo con papel vegetal
para hornear. Derretir el chocolate con
la mantequilla al baño María. Retirar
del fuego.

2 Romper las galletas de jengibre
en pequeños trozos (ver Consejos)
y verter en un recipiente.

3 Cortar y picar la raíz del jengibre y
mezclarlo bien con los trozos de galleta.
Remover la mezcla de las galletas, el
sirope de jengibre y el coco desecado con
el chocolate derretido con la mantequilla.
Mezclar todo bien.

4 Verter la mezcla al molde y presionar
firmemente para que quede homogéneo.
Dejar enfriar en el frigorífico hasta que se
endurezca.

5 Desmoldar y poner en un plato.
Derretir el chocolate con leche, verter
por encima de la tarta y decorar con los
trozos de jengibre cristalizado.

CONSEJOS: No hacer migas de las
galletas ya que necesita trozos para
darle textura. Se pueden trocear o bien
poniéndolas en una bolsa de plástico y
pasándole un rodillo o bien utilizando
una batidora.

Pastel de mermelada amarga con chocolate

No se alarme por la cantidad de crema que se utiliza en esta receta: es algo necesario y reemplaza a la mantequilla para hacer una tarta oscura y húmeda con una pegajosa mermelada agridulce por encima.

8 personas

INGREDIENTES
115 g/4 oz de chocolate partido
   en cuadrados
3 huevos
1 taza de azúcar en polvo
¾ de taza de harina con levadura
¼ de taza de crema agria

PARA EL RELLENO Y EL GLASEADO
⅔ de taza de mermelada
   de naranja amarga
115 g/4 oz de chocolate partido
   en cuadrados
4 cucharadas de crema agria
cáscara de naranja en tiras
   para decorar (opcional)

1 Precalentar el horno a 180 °C/350 °F. Untar apenas un molde en forma de barra de 900 g/2 lb y forrar con papel vegetal para hornear. Derretir el chocolate al baño María.

2 Mezclar los huevos y el azúcar en un recipiente. Utilizando la batidora eléctrica, batir hasta que esté espeso y cremoso. Después agregar la crema agria con el chocolate. Incorporar la levadura.

3 Verter la pasta en el molde y cocinar durante 1 h aproximadamente o hasta que la tarta se haya elevado y esté firme al tacto. Dejar enfriar durante unos minutos y después desmoldar en una rejilla para dejar enfriar totalmente.

4 Para hacer el relleno, derretir ⅔ de la mermelada en un cazo a fuego lento. Derretir el chocolate y mezclarlo con la mermelada y la crema agria.

5 Cortar la tarta en tres capas y unirla con la mitad de la mermelada. Untar el resto de la mermelada por encima de la tarta y dejar endurecer. Si lo desea, decorar con la cáscara de la naranja.

CONSEJOS: Si no le gusta la mermelada de naranja amarga puede utilizar la de albaricoque.

Galletas florentinas blancas y negras de jengibre

Estas crujientes galletas de frutas cubiertas con chocolate pueden almacenarse hasta una semana en un recipiente hermético en el frigorífico.

30 unidades

INGREDIENTES
½ taza de crema doble
4 cucharadas de mantequilla
   sin sal
½ taza de azúcar
2 cucharadas de miel
1 ⅔ tazas de almendras
   en láminas
⅓ de taza de harina
½ cucharadita de jengibre
⅓ de taza de cáscara de naranja
   confitada en cubitos
½ taza de raíz de jengibre
   en cubitos
50 g/2 oz de chocolate en trozos
150 g/5 oz de chocolate negro en trozos
150 g/5 oz de chocolate blanco en trozos

1 Precalentar el horno a 180 °C/350 °F. Unte con mantequilla 2 papeles vegetales para hornear. Mezclar la crema, mantequilla, azúcar y miel en un cazo a fuego medio hasta que el azúcar se disuelva por completo.

2 Dejar la mezcla hasta que hierva, removiéndola en todo momento. Retirar del fuego y añadir las almendras, la harina y el jengibre. Añadir la cáscara de naranja, la raíz de jengibre y los trozos de chocolate.

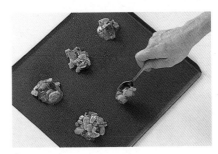

3 Utilizando una cuchara, dejar caer masa en los papeles vegetales para hornear con una distancia de 7,5 cm/3 in. Meter una cuchara en agua y usarla para esparcir la masa lo más delgada posible.

4 Hornear en tandas 8-10 min hasta que las galletas tengan burbujas y estén doradas en los bordes. No dejarlas crudas ni quemarlas. Para un mejor aspecto, recortar los bordes con un cuchillo de 7,5 cm/3 in.

5 Dejar que se enfríen durante 10 min hasta que estén firmes. Utilizando una espátula de metal, pasar a una rejilla y dejar que se enfríen totalmente.

6 Derretir el chocolate negro en un cazo a fuego lento hasta que quede suave y después dejar enfriar. Derretir el chocolate blanco al baño María removiéndolo a menudo. Quitar del fuego y dejar enfriar removiéndolo de cuando en cuando durante 5 min hasta que espese.

7 Utilizando una espátula de metal, extender las galletas de chocolate con la parte lisa hacia abajo, girándolas para darle un toque decorativo en la parte superior. Colocarlas en una rejilla. Extender el resto de las galletas de chocolate blanco en una rejilla. Dejar en el frigorífico durante 10-15 min.

Galletas de chocolate con trozos

No dejar enfriar estas galletas completamente en el papel vegetal para hornear ya que quedarían demasiado crujientes y se romperían cuando intentara levantarlas.

18 unidades

INGREDIENTES
175 g/6 oz de chocolate en trozos
8 cucharadas de mantequilla
    sin sal cortada en trozos
2 huevos
½ taza de azúcar
¼ de taza de azúcar moreno
⅓ de taza de harina
¼ de taza de cacao en polvo
1 cucharadita de levadura
2 cucharaditas de extracto de vainilla
una pizca de sal
1 taza de nueces tostadas
    y cortadas en trozos grandes
1 taza de trozos de chocolate puro
115 g/4 oz de chocolate blanco cortado
    en trozos de 5 mm/¼ in
115 g/4 oz de chocolate con leche
    en trozos de 5 mm/¼ in

1 Precalentar el horno a 160 °C/325 °F. Untar 2 papeles vegetales para hornear con mantequilla. Derretir el chocolate y la mantequilla en un cazo a fuego lento sin dejar de remover. Dejar enfriar un poco.

2 Utilizando una batidora eléctrica, batir los huevos y el azúcar durante 2-3 min. De forma gradual verter y mezclar el chocolate derretido. Batir la harina, cacao, levadura, vainilla y sal. Añadir las nueces, los pedacitos de chocolate y los trozos.

3 Usar una cuchara para hacer montoncitos en el papel vegetal para hornear con una distancia de 10 cm/4 in y aplastar hasta conseguir un diámetro de 7,5 cm/3 in.

4 Hornee 8-10 min hasta que la parte superior brille y tenga una grieta y los bordes parezcan crujientes. No deje mucho tiempo en el horno para no romperlas.

5 Poner los papeles sobre una rejilla para dejar enfriar durante 2 min. Quitar las galletas de la rejilla para que se enfríen totalmente. Seguir horneando en tandas. Almacenar en un recipiente hermético.

Donuts de chocolate con canela

Sirva estos *donuts* suaves y deliciosos recién hechos y calentitos
para que el relleno de chocolate se derrita en su boca.

16 unidades

INGREDIENTES
5 tazas de harina
2 cucharadas de cacao
    en polvo
½ cucharadita de sal
1 sobrecito de levadura
1 ¼ tazas de leche
3 cucharadas de mantequilla
    derretida
1 huevo batido
115 g/4 oz de chocolate en 16 trozos
aceite de girasol para freír

PARA EL GLASEADO
3 cucharadas de azúcar
    en polvo
1 cucharada de cacao
    en polvo
1 cucharadita de canela

1 Mezclar en un recipiente harina,
cacao y sal. Añadir la levadura. Hacer
un hueco en el centro y añadir la leche,
mantequilla derretida y huevo. Amasar
durante 5 min sobre una superficie con
un poco de harina hasta que quede una
masa suave y elástica. Devolver la masa
al recipiente, cubrir y dejar en un sitio
a temperatura ambiente hasta que la
masa crezca.

2 Amasar nuevamente y dividir en
16 trozos. Hacer una bola con cada
trozo, colocar un pedazo de chocolate
en el centro y doblar la masa. Presionar
firmemente para asegurarse de que
los bordes estén bien sellados. Si es
necesario, volver a dar forma a los
donuts después de sellarlos.

3 Calentar el aceite para freír 180 °C/
350 °F o hasta que un trozo de pan seco
se tueste en 30-45 s. Freír los *donuts* en
tandas. Darles la vuelta cuando crezcan
y se doren. Dejar escurrir en papel de
cocina.

4 Mezclar el azúcar, cacao y canela
en un recipiente poco profundo. Pasar
los *donuts* por esta mezcla hasta que se
impregnen homogéneamente. Servir
caliente.

Brownies de nuez con pedacitos de chocolate

Húmedos, oscuros y deliciosos, conozca el último grito en *brownies*.

16 unidades

INGREDIENTES
150 g/5 oz de chocolate en cuadrados
½ taza de aceite de oliva
1 taza de azúcar
2 huevos
1 cucharadita de extracto de vainilla
9 cucharadas de harina con levadura
4 cucharadas de cacao en polvo
¾ de taza de nueces cortadas en trozos
4 cucharadas de pedacitos de chocolate
   con leche

1 Precalentar el horno a 180 °C/350 °F. Untar con mantequilla una tartera o molde cuadrado de 19 cm/7 ½ in de profundidad. Derretir el chocolate en un recipiente al baño María.

2 Batir el aceite, azúcar, huevos y extracto de vainilla en un recipiente grande.

3 Añadir y mezclar bien el chocolate derretido.

4 Añadir harina y polvo de cacao en el recipiente y mezclar. Luego añadir las nueces cortadas y los pedacitos de chocolate con leche y mezclar. Verter en la tartera o molde homogéneamente hacia los bordes.

5 Hornear durante 30-35 min, o hasta que la parte superior esté firme y crujiente. Dejar enfriar en la tartera o molde ante de cortar en 16 porciones.

CONSEJOS: Estos *brownies* se pueden congelar hasta 3 meses en un recipiente hermético.

Bollos con doble ración de pedacitos de chocolate

Los generosos trozos de chocolate sin leche y chocolate blanco en estos bollos los hacen absolutamente exquisitos.

16 unidades

INGREDIENTES
3 ½ tazas de harina
1 cucharada de levadura
2 cucharadas de cacao en polvo
¾ de taza de azúcar moreno
2 huevos
⅔ de crema agria
1 cucharadita de extracto de vainilla
⅔ de taza de leche
4 cucharadas de aceite de girasol
175 g/6 oz de chocolate blanco
175 g/6 oz de chocolate
polvo de cacao para espolvorear

2 En un recipiente aparte, batir los huevos con la nata agria, leche y aceite y después verter en el centro del hoyo. Mezclar bien hasta obtener una pasta suave y homogénea.

3 Cortar ambos chocolates en trozos pequeños y mezclar con la pasta.

4 Con una cuchara añada la pasta en los moldes llenándolos casi hasta arriba. Hornear durante 25-30 min hasta que crezcan y estén firmes al tacto. Dejar enfriar en una rejilla y después espolvorear con el cacao en polvo.

1 Precalentar el horno a 190 °C/375 °F. Poner 16 blondas para bollos en los moldes para bollos. Mezclar harina, levadura, azúcar y cacao en un recipiente. Hacer un hoyo en el centro.

CONSEJOS: Si no hay crema agria disponible, utilizar ⅔ de taza de nata y 1 cucharadita de zumo de limón y dejar la mezcla hasta que cuaje. Es otra alternativa realmente deliciosa.

Sorbete de chocolate

Famoso sorbete de aspecto suave y aterciopelado. El chocolate negro
le da el mejor sabor; otro tipo de chocolate haría que quedara
demasiado dulce.

6 personas

INGREDIENTES
150 g/5 oz de chocolate
   negro troceado
115 g/4 oz de chocolate troceado
1 taza de azúcar
2 tazas de agua
virutas de chocolate
   para decorar

1 Poner todo el chocolate en un
batidora, trocear durante 20-30 s hasta
que esté bien desmenuzado.

2 Hervir a fuego medio-alto el azúcar
y agua, revolviendo hasta que el azúcar
se disuelva. Hervir durante 2 min; luego,
retirar del fuego.

3 Con la máquina en funcionamiento,
vierta el sirope encima del chocolate.
Dejar que se mezcle durante
1-2 min, hasta que el chocolate esté
completamente derretido y la mezcla
suave.

4 Colar la mezcla de chocolate en un
recipiente grande y dejar enfriar, después
poner a enfriar revolviéndolo de cuando
en cuando. Congelar la mezcla en una
máquina de hacer helados siguiendo las
instrucciones del fabricante. Permitir que
el sorbete se ablande durante 5-10 min a
temperatura ambiente y servir en bolas.
Decorar con las virutas de chocolate.

CONSEJOS: Si no tiene una máquina de
hacer helados, congelar el sorbete hasta
que esté firme en los lados. Procesar
hasta que suavice y volver a congelar.

Helado de *rocky road*

Este dulce helado es todo un clásico lleno de texturas y sabores.

6 personas

INGREDIENTES
115 g/4 oz de chocolate cortado
    en cuadrados
⅔ de taza de leche
1 ¼ tazas de crema doble
1 ½ tazas de nubes
½ taza cerezas en almíbar
    cortadas
½ taza de galletas dulces
    de mantequilla
2 cucharadas de nueces cortadas
salsa de chocolate para servir

1 Derretir el chocolate y la leche en un cazo a fuego lento removiendo de vez en vez. Quitar el cazo del fuego y dejar que se enfríe completamente.

2 Mezclar la crema doble hasta que se convierta en nata montada. Añadir y batir la mezcla de chocolate.

3 Verter la mezcla en una máquina para hacer helado y mezclar hasta que quede espesa y casi helada. Verter en un recipiente para congelado y congelar hasta que se formen cristales de hielo alrededor de los bordes. Batir enérgicamente hasta que quede suave.

4 Mezclar las nubes, cerezas, galletas dulces de mantequilla y las nueces a la mezcla helada. Verter de nuevo en el recipiente y meter en el congelador hasta que quede firme. Dejar que el helado se ablande a temperatura ambiente 15-20 min antes de servir con el chocolate.

Sundaes con dulce de leche

Este típico plato americano es el sueño de todos los adictos al chocolate.

4 personas

INGREDIENTES
4 bolas de helado de vainilla
4 bolas de helado de café
2 plátanos pequeños y maduros
nata montada
almendras tostadas en láminas

PARA LA SALSA
⅓ de taza de azúcar moreno
½ taza de sirope
3 cucharadas de café fuerte
1 cucharadita de canela
150 g/5 oz de chocolate cortado
   en pequeños trozos
5 cucharadas de nata montada
3 cucharadas de licor de café
   (opcional)

1 Hacer la salsa. Hervir en un cazo el azúcar, sirope, café y canela durante 5 min removiendo constantemente.

2 Apagar el fuego y agregar el chocolate revolviendo. Una vez que el chocolate se haya derretido y la mezcla esté suave, añadir la crema y el licor (opcional). Dejar que la salsa se enfríe. Si se hace la salsa de antemano, recalentar a fuego lento hasta que quede tibia.

3 Poner en cuatro copas para helado, una bola de helado de vainilla y una de café. Decorar con las láminas de plátano, la salsa de dulce de leche tibia, la nata montada y las almendras tostadas. Servir en el acto.

Mousse de chocolate con virutas de chocolate

Las virutas de chocolate negro, blanco y con leche le dan un toque final de lujo a este suntuoso *mousse* de chocolate con un pellizquito de jengibre.

6-8 personas

INGREDIENTES
450 g/1 lb de chocolate cortado
   en trocitos
5 cucharadas
   de mantequilla
1 taza de azúcar
6 huevos
4 cucharadas de sirope
   de jengibre
⅓ de taza de coñac

PARA LA DECORACIÓN
115 g/4 oz de chocolate puro o mezclado
   con lehe y chocolate blanco

1 Derretir el chocolate, la mantequilla y la mitad del azúcar en un recipiente al baño María. Retirar el recipiente y añadir las yemas de huevo, el sirope de jengibre y el jerez.

2 Batir las claras de los huevos hasta que se formen suaves picos. De forma gradual añadir el resto del azúcar, una cucharada a la vez, batiendo constantemente hasta que quede dura y brillante.

3 Añadir alrededor de un tercio de las claras de huevos a la mezcla de chocolate. Verter en 6-8 copas o vasos y dejar enfriar durante 3-4 h hasta que cuaje.

4 Para decorar, derretir el chocolate, batirlo brevemente y después verter en papel vegetal para hornear. Extender el chocolate con un cuchillo en forma de paleta unos 3 mm/⅛ in de grosor. Dejar enfriar hasta que esté firme pero maleable.

5 Para un efecto más vistoso hacer virutas oscuras y blancas, usando chocolate normal y blanco. Utilizar una manga de repostería y dejar caer el chocolate derretido en filas, luego aplastar con un cuchillo en forma de paleta y dejar que se endurezca antes de hacer las virutas multicolores.

6 Poner un cortaquesos contra el chocolate. Traer hacia usted, cortando una capa fina de chocolate; así se rizará en un rollo. Trabar rápidamente o el chocolate se endurecerá y se quebrará. Decorar los *mousses* antes de servir.

CONSEJOS: Este *mousse* es un postre ideal ya que se puede preparar con antelación. Se puede hacer 3 días antes si se guarda en el frigorífico para conservarlo hasta el momento en el que se vaya a servir.

Mousses de chocolate con *amaretto* y salsa de chocolate

Estos pequeños postres de chocolate blanco y negro son extremadamente ricos y su sabor se deriva del *amaretto,* un licor de almendras y del *amaretti,* pequeñas galletas de almendras.

8 personas

INGREDIENTES
115 g/4 oz de galletas *amaretti,*
   ratafia o macarrón
4 cucharadas de *amaretto*
350 g/12 oz de chocolate blanco
   cortado en cuadrados
15 g/½ oz de gelatina en polvo diluida
   en 3 cucharaditas de agua
2 tazas de crema doble

PARA LA SALSA DE CHOCOLATE
225 g/8 oz de chocolate negro
   cortado en cuadrados
1 ¼ tazas de crema
¼ de taza de azúcar

1 Untar ligeramente con mantequilla 8 moldes individuales de 120 ml/4 fl oz y añadir a cada molde un disco engrasado de papel. Poner las galletas en un recipiente grande y aplastar con un palo de amasar.

2 Derretir el chocolate blanco con el *amaretto* al baño María (tener mucho cuidado de no cocinar en exceso el chocolate). Revolver bien hasta que quede suave. Después quitar del fuego y dejar enfriar.

3 Derretir la gelatina con agua caliente y verter en la mezcla del chocolate. Batir la crema hasta que se formen picos. Añadir a la mezcla de chocolate 4 cucharadas de galletas.

4 Poner 1 cucharadita de galletas en cada molde y luego añadir la mezcla de chocolate. Dar un golpecito para quitar posibles burbujas. Nivelar la parte de arriba y espolvorear el resto de las galletas en la parte superior. Presionar y enfriar 4 h.

5 Para la salsa de chocolate, poner todos los ingredientes en un pequeño cazo y calentar a fuego lento hasta que se derrita el chocolate y se disuelva el azúcar. Dejar a fuego lento 2-3 min. Dejar enfriar.

6 Separar con un cuchillo los bordes del molde y pasar a platos individuales. Quitar el papel, verter un poco de salsa de chocolate alrededor de cada *mousse* y servir inmediatamente.

Púdines de chocolate y frutas al vapor con sirope de chocolate

Algunas cosas siempre salen bien, incluyendo estos pequeños y maravillosos púdines. Oscuras y ligeras esponjas de chocolate con manzana y arándano ácidos por encima servido con un dulce sirope de chocolate.

4 personas

INGREDIENTES
115 g/4 oz de azúcar
1 manzana
¾ de taza de arándanos,
    descongelados (o frescos)
8 cucharadas de margarina blanda
2 huevos
⅔ de taza de harina
½ cucharadita de levadura
3 cucharadas de cacao en polvo

PARA EL SIROPE DE CHOCOLATE
115 g/4 oz de chocolate cortado
    en cuadrados
2 cucharadas de miel
1 cucharada de mantequilla sin sal
½ cucharada de extracto de vainilla

1 Preparar una olla al vapor o llenar un cazo con agua por la mitad y poner al fuego hasta que hierva. Engrasar 4 cuencos para púdines y espolvorear bien cada uno con un poco de azúcar.

2 Pelar la manzana y cortar en cubos. Echar en un recipiente hondo, añadir los arándanos y mezclar bien. Repartir la mezcla en los cuencos.

3 Verter el azúcar restante en un recipiente y añadir la margarina, los huevos, la harina, la levadura y el cacao en polvo. Batir hasta que esté bien mezclado y suave.

4 Poner por cucharadas la mezcla en los cuencos y cubrirlos con papel de aluminio de hoja doble. Cocer al vapor 45 min; añadir agua cuando se crea necesario, hasta que los púdines estén altos y firmes.

5 Hacer el sirope. Mezclar el chocolate, miel, mantequilla y extracto de vainilla en un cazito. Calentar a fuego lento, removiendo hasta que se derrita y esté suave.

6 Pasar un cuchillo alrededor de los púdines para aflojarlos y desmoldar en platos individuales. Servir inmediatamente con el sirope de chocolate.

Pudin *de brioches* al chocolate

Este delicioso postre puede tener su base en el pudin de pan y mantequilla
pero el chocolate, el *brioche* y la mermelada le dan una calidad fuera de serie.

4 personas

INGREDIENTES
200 g/7 oz de chocolate cortado
   en cuadrados
3 cucharadas de mermelada agria
3 cucharadas de mantequilla sin sal
4 brioches individuales
   o 1 barra de brioche
3 huevos
1 ¼ tazas de leche
1 ¼ tazas de crema
2 cucharadas de azúcar

1 Precalentar el horno a 180 °C/350 °F.
Untar una capa ligera de mantequilla en
un plato para horno y dejar a un lado.

2 Derretir el chocolate con la
mermelada y la mantequilla al baño
María removiendo de vez en vez.

3 Cortar en rodajas el *brioche* y extender
el chocolate derretido sobre las rodajas.
Colocar de tal forma que queden
montadas una encima de la otra en
el plato.

4 Batir los huevos, leche y crema en
un recipiente hondo y verter la mezcla
de forma homogénea sobre las rodajas de
brioche. Espolvorear el azúcar moreno
y hornear durante 40-50 min hasta que
el pudin haya cuajado y tenga burbujas.
Servir caliente.

Soufflés de chocolate con efecto encaje

Espolvorear azúcar glasé hace que muchos postres queden preciosos. Para un efecto especial, espolvorear sobre una blonda para crear un patrón perfecto.

6 personas

INGREDIENTES
175 g/6 oz de chocolate troceado
¾ de taza de mantequilla sin sal
   y extra para engrasar
4 huevos separados
2 cucharadas de *whisky*
¼ de taza de azúcar
azúcar glasé para espolvorear

1 Precalentar el horno a 220 °C/425 °F. Untar ligeramente mantequilla en 6 moldes para tartaletas. Derretir el chocolate y la mantequilla al baño María. Dejar que enfríe un poco y después batir y mezclar las yemas de huevo y el *whisky*.

2 Batir las claras de los huevos en un recipiente grande hasta que se formen picos blandos. De forma gradual añadir el azúcar, batir continuamente hasta que esté dura y brillante. Incorporar suavemente a la mezcla de chocolate.

3 Con la ayuda de una cuchara rellenar las tartaletas con la mezcla, poner en la bandeja del horno y hornear durante 10 min hasta que crezcan.

4 Poner una blonda encima de cada plato y espolvorear con el azúcar glasé. Hacer lo mismo con los *soufflés* y después quitar las blondas y pasarlos a los platos. Servir inmediatamente.

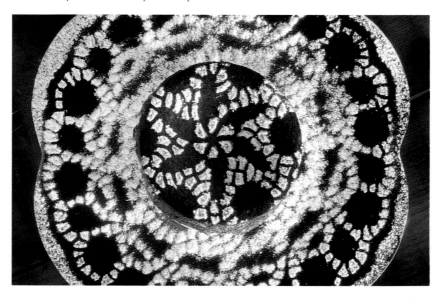

Crepés *soufflé* de chocolate

Si es posible, utilizar una bandeja que no se pegue y servir dos crepés por persona.

12 unidades

INGREDIENTES
75 g/3 oz de harina
1 cucharada de cacao
   en polvo
1 cucharadita de azúcar
una pizca de sal
1 cucharadita de canela
2 huevos
¾ de taza de leche
4 cucharadas de mantequilla
   sin sal derretida
azúcar glasé para espolvorear
frambuesas, piña y menta
   para decorar

PARA EL SIROPE DE PIÑA
½ piña, pelada y cortada fina
½ taza de agua
2 cucharadas de sirope
1 cucharadita de harina de trigo
½ rama de canela
2 cucharadas de ron

PARA EL RELLENO DEL *SOUFFLÉ*
250 g/9 oz de chocolate normal
   o negro
⅓ de taza de nata doble
3 huevos, separados
2 cucharadas de azúcar

1 Preparar el sirope. Poner la piña, agua, sirope, harina y canela en rama a fuego medio. Hervir a fuego lento durante 2-3 min batiendo a menudo.

2 Cuando haya espesado, quitar del fuego y apartar la canela en rama. Verter en un recipiente, mezclar el ron y dejar enfriar.

3 Preparar los crepés. Tamizar la harina, cacao en polvo, azúcar, sal y canela. Mezclar y hacer un agujero en el medio. Batir los huevos, leche y extracto de vainilla y añadir a la mezcla anterior formando una masa. Mezcle la mitad de la mantequilla derretida y deje en reposo en una jarra 1 h.

4 Calentar una sartén de 18-20 cm/ 7-8 in. Untar con mantequilla y verter 3 cucharadas de masa en la sartén y girar hasta que la masa esté fina y cubra toda la sartén. Cocinar a fuego medio durante 1-2 min hasta que se dore la parte inferior. Dar la vuelta y cocinar durante 30-45 s. Apilar los crepés sobre papeles vegetales para hornear.

5 Preparar el relleno. Derretir el chocolate y la crema en un cazo pequeño a fuego medio revolviendo con frecuencia hasta que quede suave.

6 Con una batidora eléctrica, batir las yemas de huevo con la mitad del azúcar 3-5 min hasta que esté cremoso. Añadir la mezcla de chocolate. Batir las claras de huevo hasta obtener picos suaves. Añadir el resto del azúcar hasta que los picos se endurezcan. Incorporar suavemente a la mezcla del chocolate frío.

7 Precalentar el horno a 200 °C/400 °F. Colocar una crepé en un plato y con una cuchara añadir un poco de la mezcla de *soufflé* extendiéndolo del centro a los bordes. Doblar por la mitad dos veces para formar un triángulo. Colocar un papel vegetal para hornear encima del crepé y repetir el proceso con el resto de los crepés. Untar la parte de arriba con mantequilla derretida y hornear durante 15-20 min hasta que el relleno se haya elevado. Decorar con las frambuesas, piña, menta y una cucharada de sirope.

Pudin de chocolate con melocotón

«Resiste todo excepto la tentación», citó Oscar Wilde. Así pues, la próxima vez que se le antoje algo caliente con chocolate, ataque la despensa y haga este delicioso pudin.

6 unidades

INGREDIENTES
200 g/7 oz de chocolate negro en cuadrados
½ taza de mantequilla sin sal
4 huevos, separados
½ taza de azúcar
425 g/15 oz de melocotones en almíbar en láminas
nata o yogur para servir (opcional)

1 Precalentar el horno a 160 °C/325 °F. Untar mantequilla a una bandeja de horno ancha. Derretir el chocolate con la mantequilla al baño María a fuego lento. Retirar del fuego.

2 Batir las yemas de huevo con azúcar hasta que espese y coja un color pálido. En un recipiente batir las claras hasta que estén consistentes.

3 Batir el chocolate derretido con las yemas ya batidas hasta que estén bien mezclados.

4 Con una cuchara, coger las claras de los huevos batidas y añadir a la mezcla de chocolate de forma suave y homogénea.

5 Añadir las láminas de melocotón a la mezcla y verter en la bandeja de horno.

6 Hornear durante 35-40 min o hasta que se eleve y esté firme. Servir caliente con nata o yogur si lo desea.

CONSEJOS: No nivelar la mezcla ya que se ve más interesante si la superficie está desigual.

Arrollado de chocolate

Un deslumbrante «arrollado» cubierto de virutas de coco, perfecto para aniversarios.

8 personas

INGREDIENTES
¾ de taza de azúcar
5 huevos
½ taza de cacao en polvo

PARA EL RELLENO
1 ¼ tazas de nata doble
3 cucharadas de *whisky*
50 g/2 oz de crema de coco sólida
2 cucharadas de azúcar

PARA EL BAÑO
virutas de coco rallados en trozos grandes
virutas de chocolate

1 Precalentar el horno a 180 °C/350 °F. Untar con mantequilla un molde para hacer brazo de gitano. Espolvorear 2 cucharadas de azúcar de granulado fino en una hoja de papel vegetal para hornear.

2 Poner las yemas de huevo en un recipiente. Añadir lo que queda de azúcar y batir con una batidora de mano eléctrica hasta que deje rastro. Tamizar el cacao en polvo y mezclar cuidadosamente.

3 Batir las claras hasta que se formen picos suaves. Mezclar alrededor de 1 cucharada de claras batidas a la mezcla de chocolate. Esparcir el resto de las claras de forma homogénea.

4 Verter la mezcla en el molde, rellenar bien las esquinas. Alisar la parte superior con una espátula de forma homogénea y hornear durante 20-25 min o hasta que se haya elevado y esté esponjoso al tocar.

5 Una vez horneado, pasar al papel vegetal para horno previamente espolvoreado con azúcar y con cuidado quitar el papel que le rodea. Cubrir con un repasador húmedo y dejar enfriar.

6 Hacer el relleno. Batir la crema con el *whisky* en un recipiente hasta que la mezcla se espese. Rallar con un rallador fino el coco y mezclar con el azúcar.

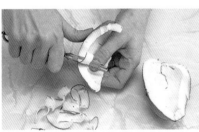

7 Descubrir la lámina de bizcocho y extender ¾ de la mezcla de crema hasta los bordes. Enrollar con cuidado desde el lado más largo. Pasar a un plato y cubrir con la mezcla restante. Decorar con las virutas de coco y chocolate.

Tarta de chocolate francesa

Esta tarta de chocolate se puede hacer hasta tres días antes de ser servida. Eso sí, hay que decorarla con el azúcar glasé el mismo día que se vaya a servir.

10 unidades

INGREDIENTES
250 g/9 oz de chocolate negro en trozos
1 taza de mantequilla sin sal
  cortada en trozos
½ taza de azúcar
2 cucharadas de coñac
  o licor de naranja
5 huevos
1 cucharada de harina
azúcar glasé para espolvorear
nata montada o crema agria para servir

1 Precalentar el horno a 180 °C/350 °F. Untar con mantequilla un molde de 23 x 5 cm/9 x 2 in. Cubrir la base con una hoja de papel vegetal para hornear y untar el papel con mantequilla.

2 Derretir el chocolate, la mantequilla y el azúcar en un cazo a fuego lento, revolviendo hasta que esté suave. Enfriar un poco. Añadir el licor. Batir los huevos 1 min con una batidora de mano eléctrica. Mezclar la harina y batir lentamente la mezcla de chocolate hasta que quede bien unida. Verter en el molde.

3 Poner el molde con la mezcla dentro de un molde grande para asar en el que habremos vertido 2 cm/¾ in de agua hirviendo. Hornear durante 25-30 min hasta que el borde de la tarta esté hecho pero el centro suave al tocarlo. Quitar el molde del agua. Dejar enfriar en una rejilla por completo (la tarta se hundirá en el centro y puede que se raje).

4 Con mucho cuidado, recorrer los lados de la tarta con un cuchillo. Desmoldar sobre una rejilla.

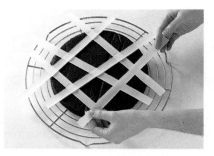

5 Cortar 6-8 tiras de papel vegetal para hornear de 2,5 cm/1 in de ancho y poner de forma aleatoria o con forma de reja sobre la tarta. Espolvorear el azúcar glasé y quitar con cuidado el papel. Servir la tarta con crema.

Pastel de nuez pacana con chocolate

Si pensaba que el pastel de nuez pacana no se podía mejorar, pruebe este delicioso pastel de pacana con chocolate con su cremosa masa de naranja.

6 personas

INGREDIENTES
1 ¼ tazas de harina
5 cucharadas de azúcar
½ taza de mantequilla
    sin sal blanda
1 huevo batido
cáscara de 1 naranja rallada

PARA EL RELLENO
¾ de taza de sirope
3 cucharadas de azúcar
150 g/5 oz de chocolate cortado
    en cuadrados
4 cucharadas de mantequilla
3 huevos batidos
1 cucharadita de extracto de vainilla
1 ½ tazas de nueces pacana

1 Tamizar la harina y mezclar con el azúcar en un recipiente. Con los dedos, mezclar la mantequilla de forma homogénea hasta que esté bien mezclada.

2 Batir los huevos y la cáscara de la naranja. Unir las dos mezclas y trabajar hasta obtener una masa firme. Añadir un poco de agua si la masa es demasiado seca.

3 Extender la pasta sobre una superficie enharinada y utilizar un molde de flan de 20 cm/8 in para darle forma. Dejar enfriar durante 30 min.

4 Precalentar el horno a 180 °C/350 °F. Hacer el relleno. Mezclar el sirope, el azúcar, el chocolate y la mantequilla en un cazo pequeño. Calentar la mezcla a fuego lento hasta que esté derretido y suave.

5 Retirar el cazo del fuego y añadir los huevos con el extracto de vainilla. Espolvorear las nueces de pacana en el molde de pasta fría y verter con cuidado la mezcla de chocolate derretido.

6 Hornear durante 50-60 min o hasta que la mezcla de chocolate haya cuajado. Dejar enfriar por completo en el molde.

CONSEJOS: Si lo prefiere puede hacer tartaletas individuales usando seis moldes de flan de 10 cm/4 in con la misma temperatura durante 30 min. Se pueden utilizar nueces y almendras en vez de nueces de pacana.

Tarta lujosa de queso blanco

Una versión distinta de la tarta de queso tradicional.

16-20 unidades

INGREDIENTES
150 g/5 oz (alrededor de 16-18)
   galletas digestivas
½ taza de avellanas escaldadas
4 cucharadas de mantequilla derretida
½ cucharadita canela en polvo

PARA EL RELLENO
350 g/12 oz de chocolate blanco troceado
½ taza de nata montada
   o crema doble
675 g/3 x 8 oz de paquetes de queso
   crema blando
¼ de taza de azúcar
4 huevos
2 cucharadas de licor de avellana
   o 1 cucharada de extracto de vainilla

PARA EL BAÑO
2 tazas de crema agria
¼ de taza de azúcar
1 cucharadita de extracto de vainilla
   o 1 cucharada de licor de avellana
virutas de chocolate blanco
   para decorar
cacao en polvo para espolvorear
   (opcional)

1 Precalentar el horno a 180 °C/350 °F. Untar con mantequilla un molde desmontable de 23 x 7,5 cm/9 x 3 in. En una batidora, triturar las avellanas y las galletas hasta que quede un picado fino. Añadir la mantequilla y la canela.

2 Utilizar una cuchara para aplastar la masa 1 cm/½ in del molde. Hornear durante 5-7 min. Dejar enfriar en una rejilla. Bajar la temperatura del horno a 150 °C/300 °F.

3 Derretir el chocolate blanco con la crema en un cazo a fuego lento. Remover hasta que quede suave. Dejar a un lado.

4 Utilizar una batidora eléctrica y batir el queso crema con el azúcar durante 2-4 min hasta que quede suave. Añadir el huevo batiendo de uno en uno. Añadir con cuidado la mezcla de chocolate y el licor o extracto de vainilla. Verter el relleno a la costra horneada.

5 Poner el molde en una bandeja de horno y hornear durante 45-55 min o hasta que el borde de la tarta esté firme pero el centro apenas suave. Poner en una rejilla mientras se prepara el baño. Bajar la temperatura del horno a 200 °C/400 °F.

6 Para hacer el baño, batir la crema agria, azúcar y licor de avellana o extracto de vainilla. Verter encima de la tarta de queso y meter en el horno durante 5-7 min. Apagar el horno y dejar dentro durante 1 h. Poner en una rejilla hasta que esté a temperatura ambiente. Pasar un cuchillo por los bordes y dejar enfriar en el frigorífico durante toda la noche.

7 Para servir la tarta de queso, remover con cuidado el borde del molde. Meter un cuchillo afilado por debajo para separar la base y con una espátula servir en un plato. Decorar la tarta con las virutas de chocolate blanco y espolvorear suavemente con cacao en polvo. Servir inmediatamente.

Merengue de chocolate con frutas y virutas de chocolate

El añadir chocolate a la fruta hace que este famoso postre
sea irresistible.

8-10 personas

INGREDIENTES
2 ¼ tazas de azúcar glasé
1 cucharada de cacao en polvo
1 cucharadita de harina de trigo
5 huevos
pizca de sal
1 cucharadita de vinagre de sidra
   o zumo de limón

PARA LA CREMA DE CHOCOLATE
175 g/6 oz de chocolate normal
   o negro troceado
½ taza de leche
2 cucharadas de mantequilla
   sin sal en trozos
2 cucharadas de coñac
2 tazas de crema doble
   o nata montada

PARA EL BAÑO
virutas de chocolate
2 tazas de frutas del bosque
   o frutas como mango,
   papaya, lichi y piña
azúcar glasé

1 Precalentar el horno a 160 °C/325 °F.
Poner un papel vegetal para hornear
en una bandeja de horno y marcar
un círculo de 20 cm/8 in.

2 En un recipiente tamizar 3 cucharadas
de azúcar glasé, el cacao en polvo y la
harina de trigo. Con la batidora eléctrica
batir las claras de huevo hasta que quede
espumoso. Añadir la sal y batir hasta
formar picos duros. Ir espolvoreando el
resto del azúcar glasé y dar tiempo a que se
disuelva. Añadir la mezcla de azúcar y
luego el vinagre o zumo de naranja.

3 Verter la mezcla al círculo marcado
en el papel vegetal para hornear, haciendo
un reborde. Hornear en el centro del
horno 1 h. Apagar y dejar el merengue
dentro 1 h (puede que se raje o se hunda).
Quitar del molde y dejar enfriar.

4 Derretir el chocolate y la leche en un
cazo a fuego lento hasta suavizar. Quitar
del fuego. Echar la mantequilla y coñac
batido a la mezcla. Enfriar 1 h.

5 Usar una espátula para pasar el merengue a un plato. Cortar un círculo en el centro, alrededor de 5 cm/2 in del borde para permitir que se hunda. Cuando se haya enfriado la mezcla de chocolate, batir la crema hasta que se formen picos blandos. Mezclar la mitad de la crema al chocolate y luego añadir el resto. Colocar las virutas y frutas por encima. Espolvorear suavemente con azúcar glasé.

Postre de chocolate con mandarina

Este postre de bizcocho, jerez, crema y fruta siempre es tentador pero, cuando se le añade chocolate espeso y crema de queso Mascarpone con *amaretto* y mandarinas, se convierte en una verdadera delicia.

6-8 personas

INGREDIENTES
4 bizcochitos con jerez,
 crema y fruta
4 galletas *amaretti*
4 cucharadas de licor *amaretto*
 o jerez dulce
8 mandarinas

PARA LA CREMA
200 g/7 oz de chocolate cortado
 en cuadrados
2 cucharadas de harina
 de trigo o crema en polvo
2 cucharadas de azúcar
2 yemas de huevo
1 taza de leche
2 tazas de queso Mascarpone

PARA EL BAÑO
1 taza de queso Frais
formas de chocolate
rodajas de mandarina

1 Trocear los bizcochitos y poner en un plato grande de cristal. Desmenuzar las galletas *amaretti* y rociar con *amaretto* o jerez dulce.

2 Exprimir 2 mandarinas y rociar en el plato. Cortar las mandarinas en rodajas y poner en el plato de forma homogénea.

3 Hacer la crema. Derretir el chocolate al baño María. En un recipiente aparte, mezclar la harina de trigo o crema en polvo, azúcar y yemas de huevo hasta formar una pasta.

4 Calentar la leche en un cazo pequeño y retirar antes de su ebullición. Verter la mezcla de yema de huevo y remover constantemente. Verter a un cazo limpio y calentar a fuego lento revolviendo en todo momento hasta que la crema haya cuajado y esté suave.

5 Revolver el Mascarpone hasta que se derrita y añadir el chocolate derretido. Extender de forma homogénea sobre el bizcocho y enfriar.

6 Para terminar, extender el queso Frais sobre la crema y decorar con las formas de chocolate y las rodajas de mandarinas justo antes de servir.

Profiteroles de chocolate

Pastelitos livianísimos rellenos de helado y cubiertos por un rico baño de chocolate.

4-8 personas

INGREDIENTES
1 taza de harina
¼ de cucharadita de sal
pizca de nuez moscada
    rallada
¾ de taza de agua
6 cucharadas de mantequilla
    sin sal cortada en 6 trozos iguales
3 huevos
3 tazas de helado
    de vainilla

PARA LA SALSA DE CHOCOLATE
275 g/10 oz de chocolate cortado
    en pequeños trozos
½ taza agua tibia

1 Precalentar el horno a 200 °C/400 °F. Engrasar una bandeja de horno. Tamizar la harina, sal y nuez moscada rallada en un papel vegetal para hornear o papel aluminio.

2 Hacer la salsa. Derretir el chocolate al baño María. Revolver hasta obtener una mezcla suave. Mantener caliente hasta servir o recalentar si fuese necesario.

3 Hervir el agua y la mantequilla en un cazo mediano. Retirar del fuego y añadir los ingredientes secos utilizando el papel vegetal para hornear como embudo.

4 Batir con una cuchara de madera durante 1 min, hasta que esté bien mezclado y se aparte de los lados del cazo. Poner el cazo a fuego lento y cocinar la mezcla durante 2 min revolviendo constantemente. Retirar del fuego.

5 Batir 1 huevo en un recipiente pequeño y dejar reposar. Añadir a la mezcla de harina los huevos uno a uno sin dejar de batir. Añadir la suficiente cantidad de huevo batido para conseguir una masa suave y brillante. Al dejar caer de una cuchara, la masa debería ser consistente.

6 Con la ayuda de una cuchara, poner 12 pequeños montículos sobre un papel vegetal para hornear durante 25-30 min hasta que los pastelitos estén dorados. Retirar los pastelitos del horno y hacer una incisión en un lado para que salga el vapor. Apagar el horno y volver a introducirlos y dejar hasta que se sequen con la puerta del horno abierta.

7 Retirar el helado del congelador y dejar 10 min hasta que se ablande ligeramente. Cortar los profiteroles por la mitad y rellenar con helado. Poner en un plato grande o en pequeños platos individuales. Verter la salsa sobre los profiteroles y servir inmediatamente.

VARIACIÓN: Los profiteroles pueden rellenarse con nata montada en lugar de helado. Otra opción sería o bien rellenar con una manga de repostería o cortar por la mitad y extender la nata montada. Ambas opciones harán de los profiteroles un postre delicioso.

Trufas de chocolate

Las trufas pueden ser simplemente espolvoreadas con cacao, azúcar glasé, nueces cortadas en láminas o cubiertas con chocolate derretido.

20 trufas grandes o 30 trufas medianas

INGREDIENTES
1 taza de nata doble
275 g/10 oz de chocolate normal
   o negro troceado
3 cucharadas de mantequilla
   sin sal en trocitos
3 cucharadas de coñac, *whisky* u otro licor

PARA TERMINAR (OPCIONAL)
cacao en polvo para espolvorear
pistachos cortados en láminas
400g/14 oz de chocolate negro
jengibre cristalizado en trozos

1 Hervir la nata en un cazo sobre fuego medio. Retirar del fuego y añadir todo el chocolate. Revolver lentamente hasta que se derrita por completo. Añadir el azúcar y revolver hasta que se disuelva. Añadir el coñac, *whisky* u otro licor. Pasar a un recipiente y dejar enfriar a temperatura ambiente. Cubrir y meter en el frigorífico durante 4 h o toda la noche.

2 Utilizar una cuchara para servir helado o una cuchara convencional y hacer 20 bolas grandes o 30 medianas y poner en una bandeja de horno con papel vegetal para hornear.

3 Si se espolvorea con cacao, tamizar una capa gruesa de cacao en un plato. Hacer rodar las trufas en el cacao. (Untar las manos con cacao en polvo para que las trufas no se peguen.) No se preocupe si las trufas no están perfectamente redondas, la forma irregular las hará más auténticas.

4 De forma alterna, hacer rodar las trufas sobre el pistacho. Meter las trufas en el frigorífico de 10 días hasta 2 meses en el congelador.

5 Si decide cubrir con chocolate, no aplicar el cacao en polvo ni el pistacho. Aplicar el chocolate caliente directamente metiendo las trufas en el cazo y meter en el frigorífico inmediatamente. Si el chocolate empieza a espesar, recalentar a fuego lento hasta que esté suave.

6 Poner las trufas en una bandeja de horno con papel vegetal para hornear. Meter en el frigorífico hasta que cuaje.

Chocolate blanco caliente

Utilizar leche o chocolate y azúcar si lo prefiere.

4 personas

INGREDIENTES
175 g/6 oz de chocolate blanco
1,5 l/2 ½ pintas de leche
1 cucharadita de esencia
  de café o 2 cucharaditas
  de café instantáneo
2 cucharaditas de licor de naranja
  (opcional)

PARA SERVIR
nata montada
canela rallada
  (opcional)

1 Con un cuchillo afilado, cortar el chocolate blanco en láminas finas. (Intentar no tocarlo demasiado.)

2 Verter la leche en un cazo mediano y llevar a punto de hervir (se formarán burbujas en los bordes del cazo).

3 Añadir las láminas de chocolate, la esencia de café o café en polvo y el licor de naranja. Revolver hasta que se derrita el chocolate.

4 Dividir el chocolate en 4 tazas grandes. Echar nata montada por encima y espolvorear la canela rallada (opcional). Servir inmediatamente.

Dulce de chocolate y avellanas

Este delicioso dulce de leche es un regalo ideal hecho por usted mismo.

16 unidades

INGREDIENTES
⅔ de taza de leche evaporada
1 ¾ tazas de azúcar
una pizca de sal
½ taza de avellanas cortadas por la mitad
2 tazas de pedacitos de chocolate
1 cucharadita de licor de avellanas

1 De forma generosa engrase un molde para tartas de 20 cm/8 in. Mezclar la leche evaporada, el azúcar y la sal en un cazo. Hervir a fuego medio, removiendo a menudo. Bajar el fuego a fuego lento y dejar durante 5 min.

2 Quitar del fuego, añadir las avellanas cortadas por la mitad, los pedacitos de chocolate y el licor de avellana. Mezclar hasta que los pedacitos de chocolate se hayan derretido por completo.

3 De forma rápida verter la mezcla de dulce de leche al molde y extender de forma homogénea con una espátula. Dejar enfriar por completo.

4 Cuando el dulce de leche haya cuajado, cortar en cuadrados de 2,5 cm/ 1 in. Guardar en un recipiente hermético, separando los cuadrados con papel vegetal para hornear.

Notas

Para las recetas, las cantidades se expresan utilizando el Sistema Métrico Decimal y el Sistema Británico, aunque también pueden aparecer en tazas y cucharadas estándar. Siga uno de los sistemas, tratando de no mezclarlos, ya que no se pueden intercambiar.

Las medidas estándar de una taza y una cucharada son las siguientes:

1 cucharada = 15 ml

1 cucharadita = 5 ml

1 taza = 250 ml/8 fl oz

Utilice huevos medianos a menos que se especifique otro tamaño en la receta.

Abreviaturas empleadas:

kg = kilogramo

g = gramo

lb = libra

oz = onza

l = litro

ml = mililitro

fl oz = onza (volumen)

h = hora

min = minuto

s = segundo

Copyright © EDIMAT LIBROS, S. A.
C/ Primavera, 35
Polígono Industrial El Malvar
28500 Arganda del Rey
MADRID-ESPAÑA

Copyright © Annes Publishing Limited, London

ISBN: edición tapa dura 84-9764-013-6 - edición rústica 84-9764-053-5
Depósito legal: edición tapa dura M-30136-2002 - edición rústica M-31409-2002
Impreso en: COFÁS

Traducido por: Traduccions Maremagnum MTM

Fotografía: Karl Adamson, Edward Allwright,
Steve Baxter, Amanda Heywood, Don Last.

IMPRESO EN ESPAÑA – PRINTED IN SPAIN